Cómo enviar Aplicaciones para iPhone y iPad Exitosa y Rápidamente:

Enviar a la App Store y obtener la aprobación de su aplicación de Manera Exitosa, con o sin Codificación. Explicaciones y Soluciones a los Problemas Comunes con Itunes, Xcode, e IOS.

Por
Joseph Correa

COPYRIGHT

AGRADECIMIENTOS

Este libro está dedicado a mi familia. Gracias por darme la inspiración para hacer este libro posible.

Cómo enviar Aplicaciones para iPhone y iPad Exitosa y Rápidamente:

Enviar a la App Store y obtener la aprobación de su aplicación de Manera Exitosa, con o sin Codificación. Explicaciones y Soluciones a los Problemas Comunes con Itunes, Xcode, e IOS.

Por
Joseph Correa

TABLA DE CONTENIDOS

Copyright

Agradecimientos

Introducción

Capítulo Uno: Registrarse para una Cuenta de Desarrollador Apple®

Capítulo Dos: Crear un perfil de aprovisionamiento para la distribución

Capítulo Tres: Creación de un archivo de aplicación

Capítulo Cuatro: Creación de la publicación de la aplicación en el portal iTunes Connect

Capítulo Cinco: Envío de la aplicación utilizando Xcode

Capítulo Seis: Errores comunes en el envío de aplicaciones Apple® y maneras para evitarlos

Últimos Comentarios

INTRODUCCIÓN

Este libro le enseñará cómo enviar exitosamente una aplicación a la Apple® store y obtener su aprobación, mediante un proceso paso a paso desde el inicio hasta el final. Aprenda cómo abrir una cuenta de desarrollador y convertirse en desarrollador Apple® registrado. Se le enseñará cómo crear un perfil de aprovisionamiento para la distribución, un archivo de aplicación, una publicación de aplicación en Itunes y enviar su aplicación utilizando Xcode.

Los errores comunes son tratados, y las soluciones a estos errores se detallan, con el objeto de ayudarle a enfrentar situaciones frustrantes que pueden corregirse fácilmente, para guiarle a través del proceso de envío de la aplicación de manera exitosa.

En cada Capítulo, se explicará un proceso paso a paso, de la siguiente manera:

Capítulo Uno: Registrarse para una Cuenta de Desarrollador Apple®

Capítulo Dos: Crear un perfil de aprovisionamiento para la distribución

Capítulo Tres: Creación de un archivo de aplicación

Capítulo Cuatro: Creación de la publicación de la aplicación en el portal iTunes Connect

Capítulo Cinco: Envío de la aplicación utilizando Xcode

Capítulo Seis: Errores comunes en el envío de aplicaciones Apple® y maneras para evitarlos

CAPÍTULO UNO

Registrarse para una Cuenta de Desarrollador Apple®

La Apple® App store es una plataforma digital de distribución para aplicaciones móviles. Existen un millón de aplicaciones en la App store y más de 60 billones de aplicaciones han sido descargadas hasta ahora. Enviar su aplicación para la plataforma iOS es sencillo. Pero antes de entrar en eso, debe asegurarse de que:

1.   El nombre de su aplicación es corto, sencillo y conciso. No utilice más de 25 caracteres.

2.   Asegúrese de que el nombre de su aplicación no viola las marcas o derechos de autor de un tercero. Por ejemplo, "iPhone game News" no suena bien porque "iPhone" es una marca registrada de Apple®.

3.   Facilite a las personas encontrar su aplicación en la plataforma iOS. Utilice el mismo nombre de aplicación en cada plataforma.

4.   No utilice un nombre similar al de otras aplicaciones existentes.
5.   Asegúrese de escribir el nombre de la aplicación debajo de su ícono, de modo que los clientes puedan asociar el nombre de la aplicación con el ícono.

Herramientas requeridas/ Recursos

1.   La aplicación
2.   Tarifa de registro de US $99
3.   Un navegador
4.   Conexión a internet
5.   Una computadora Mac

Aunque registrarse como un desarrollador registrado iOS es un proceso largo, sólo necesita realizarlo una vez. Después de eso, usted puede enviar tantas aplicaciones como desee, con su cuenta de desarrollador.

Son cinco las etapas involucradas en el envío de una aplicación a la Apple® app store. Estas son:

1.   Registrarse para una cuenta de Desarrollador Apple®
2.   Crear un perfil de aprovisionamiento para la distribución
3.   Construir un perfil de aprovisionamiento para la distribución de aplicaciones
4.   Crear un archivo de aplicación
5.   Crear la publicación de la aplicación en el portal iTunes connect
6.   Envío de la aplicación utilizando Xcode

1.　Registrarse para una cuenta de Desarrollador

El primer paso es registrarse como un desarrollador de aplicaciones. Usted no tiene que pagar ninguna tarifa por convertirse en un desarrollador de aplicaciones. Sin embargo, convertirse en un desarrollador iOS, atrae una tarifa de US$99. Si usted ya posee una cuenta de desarrollador con Apple®, usted puede obviar esta parte y continuar al siguiente paso.

Si usted no posee una cuenta de desarrollador Apple®, puede obtener una haciendo clic en https://developer.apple.com/ y luego en "Centro de Miembros" como se muestra a continuación.

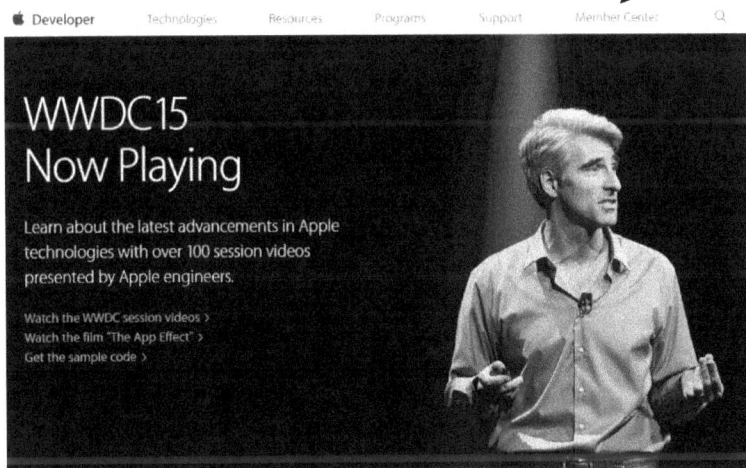

2.　En la siguiente pantalla, usted puede registrarse con un ID Apple® existente, si ya posee uno, o puede crear uno completamente nuevo. El beneficio de registrarse con un ID Apple® existente, es que la mayoría de la información que necesitará para la cuenta de desarrollador, ya debería estar almacenada con el ID existente, por lo que no tendrá la necesidad de completarla nuevamente.

En caso de que no posea un ID Apple®, o desea un nuevo ID estrictamente para el desarrollo de aplicaciones, simplemente haga clic en el enlace "Crear ID Apple®". Continúe llenando la información solicitada, tal como su nombre completo, su ID Apple® de preferencia (usualmente una dirección de correo electrónico), y una contraseña.

3.   Luego de esto, tendrá que completar el formulario a continuación. Asegúrese de utilizar una dirección de correo electrónico que revise con frecuencia, pues Apple® envía actualizaciones regulares del programa y acerca del estatus de las aplicaciones que envía para aprobación.

Create an Apple ID.

Name

Please enter your full name.

First Name

Middle Name   Optional

Last Name

Apple ID and Password

Enter your primary email address as your Apple ID. This will be used as the contact email address for your account.

Apple ID   ex: steve_appleseed@example.com

Password

Confirm Password

Security Questions

Select three security questions below. These questions will help us verify your identity should you forget your password.

Security Question	Please select ▼
Answer	

Security Question	Please select ▼
Answer	

Security Question	Please select ▼
Answer	

Date of Birth

Combined with your security question, this will help us verify your identity if you forget your password or need to reset it.

Month ▼   Day ▼   Year ▼

Rescue Email Address

Give us a rescue email address where we can send you a link to confirm your identity and let you reset your information should any security issues arise. This address is only for communicating information about your security details. We won't send any other types of messages to this address.

Rescue Email Address: Optional

Mailing Address

Please enter your mailing address.

Country/Region: United States

Company/Institution: Optional

Address Line 1:

Address Line 2: Optional

Town/City:

State/Province: Please select

Zip Code:

Email Preference

Stay up to date with Apple news, software updates, and the latest information about products and services from Apple. Please note: Email messages appear in the official language(s) of your country of residence. Read the Apple Customer Privacy Policy ▸

☑ **Apple News and Announcements**

Keep me up to date with Apple news, software updates, and the latest information on products and services.

☑ **New on iTunes and Other iTunes Offers**

Every week, iTunes adds the latest new releases for music, apps, movies, TV, books, podcasts, and much more -- plus exclusive content you'll only find on iTunes. Sign up for New On iTunes and other iTunes offers.

Please type the characters you see in the image below.

1BD4Z

↻ Try a different image
◀)) Vision Impaired

Letters are not case sensitive

Cancel   Create Apple ID

4.   Inmediatamente después de finalizar el registro, usted recibirá un correo electrónico de notificación en la dirección que utilizó para el registro, en la que se le solicita que verifique si ID Apple®, haciendo clic en un enlace de activación en el mensaje de notificación.

My Apple ID

Create an Apple ID.

An Apple ID is your user name for everything you do with Apple. Shop the iTunes store, enable a user to all your devices, buy from the Apple Online store, make a reservation at an Apple Retail Store, access the Apple Support website, and more.
Read the Apple Customer Privacy Policy ▸

Verify your email address.

Your Apple ID has been created. Before you can use it, we need to make sure that   belongs to you.

Check your email and look for a verification email from Apple. Click on the Verify Now link and sign in with your new Apple ID and password.

Continue

Abra el correo electrónico de activación, ubique el enlace de activación Verificar ahora, y haga clic sobre él.

Una vez que haya verificado si ID Apple®, completará el resto de su registro en su cuenta de Desarrollador Apple®.

Ahora, ya tiene un ID Apple®. Esto implica que ahora usted es un desarrollador Apple®! Pero esto no significa que puede empezar a desarrollar aplicaciones y enviarlas a la app store. Debe unirse al programa de Desarrolladores iOS.

Unirse al Programa de Desarrolladores iOS

Como un desarrollador Apple® registrado, usted tiene ciertos privilegios que incluyen información puntual para Apple®. Sin embargo, usted no puede enviar una aplicación a la app store sin unirse al Programa de

Desarrolladores de iOS Apple®. Es aquí en donde debe pagar los US $99 anuales.

5.   Ingrese a su nueva cuenta de Desarrollador Apple®.

6.   Lea el Acuerdo de Licencia, llame a su abogado y léale el acuerdo completo por teléfono. Cuando su abogado le dé el visto bueno, tilde las casillas, luego haga clic en enviar.

7.   En la siguiente pantalla, haga clic sobre "Su cuenta". Baje la página hasta el área de Membrecía y haga clic sobre el enlace **Unirse Ahora**.

8.   Luego, haga clic en el enlace, Iniciar su Suscripción.

9.   Complete su **correo electrónico, nombre y país**.

10.   Seleccione su tipo de entidad y haga clic en Continuar

Aquí, usted tiene la opción de suscribirse como un individuo o como una empresa. En este tutorial, mostramos la suscripción como un individuo, que es lo que la mayoría de las personas realizan. Sin embargo, si usted escoge suscribirse como una empresa, el proceso es un poco complicado. Usted deberá proporcionar un número D-U-N-S, y su empresa debe estar registrada. Usted tendrá que enviar una cantidad de documentación para demostrar que es su empresa.

Continuaremos haciendo clic en la entidad "individual".

11. Complete el formulario a continuación con los detalles solicitados.

Apple Developer Program Enrollment

Your Information

Contact Information

The name on this Apple ID account will be used as your seller name and for contracts and banking, if your app is selected for distribution by Apple. Make sure that it is your legal name and that your country is correct. To edit your account information, contact us.

Legal Name

Phone

Country Code   Phone Number   Extension

Enter your home or business address in your local language.

Address Line 1

Address Line 2

Town / City

Postal Code

Country   Ghana

12. Lea el Acuerdo de Licencia del Programa de Desarrolladores y seleccione las casillas apropiadas, luego haga clic en "**continuar**".

Aparecerá una pantalla que contiene todos sus datos ingresados.

13. Realice el pago por su cuenta de desarrollador haciendo clic en "**Comprar**", por una tarifa anual de $99. Asegúrese de ingresar la información correcta de la tarjeta de crédito, pues Apple® confirmará la información que usted suministre con la compañía de tarjeta de crédito.

14. Haga clic en **Continuar** luego de ingresar los detalles de su pago.

Enter your payment information.

Purchase items

✓ Apple Developer Program $99.00
  1 year membership

Your order will be charged in U.S. dollars   **Order Total:** $99.00

Payment Information

Credit Card
Enter the number, cardholder's name, and expiration date for your credit card. We accept Visa, Mastercard, Discover, and American Express.

Type: Select one
Number:
Cardholder's Name:
Expires:

Billing Information
Enter the billing information for your credit card.

Country: Select Country
Address Line 1:
Address Line 2:
City/Town:
State, Province, or Region: Select State
Postal Code:
Phone:

Cancel

Complete Your Purchase

Once you complete your purchase, you will receive a purchase acknowledgement and a membership confirmation email.

Membership   Apple Developer Program
Cost   US$ 99
Duration   1 year
Enrollment ID   P7AKQK2L2U

Cancel   Purchase

Usted ha terminado. Sólo debe esperar por un correo electrónico de Apple® confirmando su pago. La verificación de su pago puede tomar un tiempo (usualmente unos pocos días, hasta 2 semanas), así que no espere el correo electrónico inmediatamente.

Una vez que su pago sea confirmado, Apple® abrirá automáticamente una cuenta iTunes Connect para usted. Esto es porque usted necesita una cuenta iTunes connect para el envío de la aplicación a la Apple® App Store. Esta cuenta es diferente a su cuenta de desarrollador.

Si usted es una empresa, pero no conoce su número D-U-N-S, puede obtenerlo fácilmente a través de la DUNS Lookup Tool. Se le presentará un formulario de búsqueda, para que complete los detalles de su empresa. Una vez completado el formulario, recibirá un correo electrónico con el número D-U-N-S de su empresa, el cual es un número de 9 dígitos, utilizado para referencia de negocios.

En el formulario para suscripción de Desarrollador iOS, en la sección en la que se le solicite que **Ingrese la información de su organización**, asegúrese de NO ingresar el número D-U-N-S con los guiones.

Después de ingresar su número D-U-N-S, será dirigido a otra pantalla en donde se le solicitará que verifique la dirección de su empresa. Revise los detalles en la pantalla para asegurarse de que son correctos. Si son correctos, continúe con el proceso de suscripción, si no, regrese a la pantalla previa y realice las correcciones necesarias.

Una vez que esté conforme con la dirección de la empresa y detalles que ingresó, seleccione el tipo de programa de desarrollador de su interés. En virtud de que su interés en la Apple® App Store es en el desarrollo de aplicaciones para tabletas/móviles, seleccione solo el **Programa de Desarrollador iOS**.

Antes de continuar, revise los detalles de suscripción.

Después de que haya revisado todos los detalles de suscripción, usted será notificado de que su suscripción se está procesando.

Los pasos finales que debe cumplir para completar su proceso de suscripción se enviarán a su correo electrónico, y esto no será inmediato.

Completar su Proceso de Suscripción

Cuando usted reciba el correo electrónico de Apple® confirmando su firma obligatoria, el resto de los pasos que debe cumplir para finalizar su suscripción como Desarrollador iOS, estarán contenidos en el.

CAPÍTULO DOS

Crear un perfil de aprovisionamiento para la distribución

Aquí, construiremos un perfil de aprovisionamiento para la distribución. Con un perfil de desarrollador, usted tiene la flexibilidad de seleccionar muchos certificados de desarrollo, con el objeto de habilitar a muchos desarrolladores a crear una construcción. Sin embargo, cuando usted considera un perfil de aprovisionamiento para la distribución, sólo hay suficiente espacio para un certificado de distribución. Este se convierte en el único ID para firmar con código su aplicación cuando crea el archivo de la aplicación (lo que usted envía a la Apple® App Store).

Usted ahora puede acceder a la sección de Perfiles de Aprovisionamiento para la Distribución, ingresando a su iOS Developer Provisioning Portal.

En la esquina superior derecha, ubique el botón **Plus**, haga clic en él y cree un nuevo perfil. Seleccione **App Store** como su tipo de perfil y haga clic en **Continuar.**

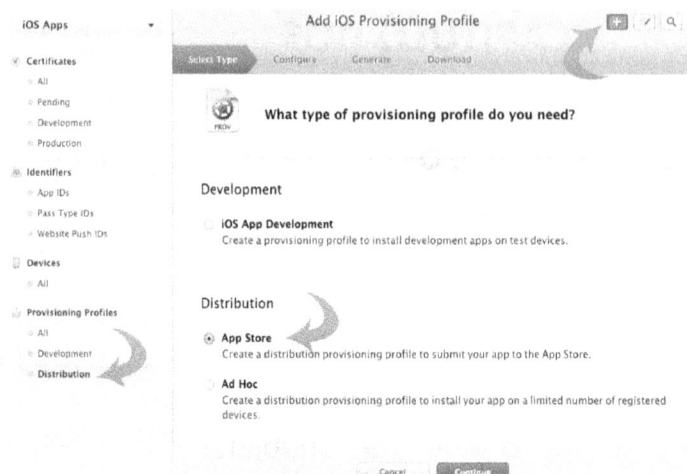

Haga clic en la lita desplegable y seleccione su ID de App.

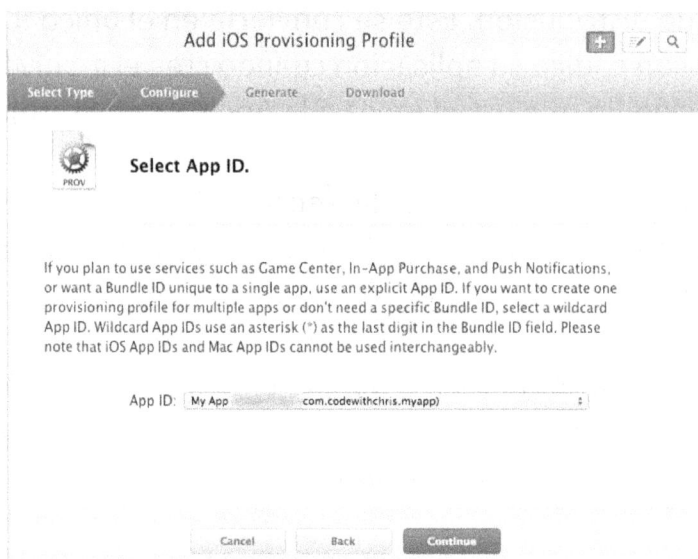

Aquí, usted verá un **certificado de distribución**. Seleccione el **certificado de distribución** y haga clic en **Continuar**.

Add iOS Provisioning Profile

Select Type · Configure · Generate · Download

Select certificates.

Select the certificates you wish to include in this provisioning profile. To use this profile to install an app, the certificate the app was signed with must be included.

(iOS Distribution)

Cancel   Back   Continue

Dé un nombre al perfil y haga clic en **Generar**.

Add iOS Provisioning Profile

Select Type · Configure · Generate · Download

Name this profile and generate.

The name you provide will be used to identify the profile in the portal. You cannot use special characters such as @, &, ', ', " for your profile name.

Profile Name: My App Distribution Profile

Type: Distribution

App ID: My App (com. myapp)

Certificates: 1 Included

Cancel   Back   Generate

Descargue el perfil e **instale** haciendo doble clic en él

Your provisioning profile is ready.

Download and Install

Download and double click the following file to install your Provisioning Profile.

Name: My App Distribution Profile
Type: Distribution
App ID: ⋯⋯.myapp
Expires: Sep 18, 2014

Download

CAPÍTULO TRES

Crear un archivo de aplicación

Primero, abra su proyecto de aplicación en el ambiente Xcode. Aunque, antes de avanzar en la creación de un archivo para su envío a iTunes Connect, necesitamos estar seguros de que hemos cubierto todo lo básico. Esta lista de verificación, nos guiará para hacer las cosas correctas.

- Verifique si ha incorporado una imagen splash y un ícono a su aplicación.

- Su aplicación soporta iOS 6? Si lo soporta, ha corrido su aplicación en un dispositivo y simulador iOS 6 para comprobar la compatibilidad?

- Asegúrese de comentar cada uno de sus mensajes de NSLog.

- Ha abierto su aplicación en un dispositivo real? Cómo se comporta su aplicación durante una llamada entrante, o cuando el usuario sale de la aplicación e ingresa nuevamente? Cómo es el desempeño de su aplicación en 3G y en áreas de baja recepción? Realice pruebas para situaciones extremas similares.

Aunque hay otras cosas que buscar, estas son las que usted puede revisar ahora.

Revisión de la Aplicación - Proceso de Certificación de iOS

Una vez enviada su aplicación, esta pasará un proceso de revisión y certificación de la app store. Esto es para asegurar que está conforme a todas las normas, funciona correctamente, y no es dañina intencionalmente.

Usted puede ir a App Review Guidelines y ver las directrices más actuales de Apple®, utilizadas para revisar su aplicación.

Si usted está seguro de que sus aplicaciones están conformes con estos lineamientos, navegue a la **configuración del proyecto** haciendo clic en el nodo de ruta de su proyecto de aplicación en el navegador de archivos.

Una vez que termine, haga clic en el botón de **Configuración de Construcción** y baje hasta el área de **Código de Firma**.

Seleccione la configuración de **Distribución de iOS**, que selecciona de forma automática la Identidad de Firma de Distribución. Sin embargo, si tiene una configuración de muchas Ids de firma de distribución, será necesario que seleccione el ID particular que desee utilizar.

Ahora debemos configurar una construcción de lanzamiento y enviarla a la Apple® App Store.
Seleccione **iOS Device** como el destino de despliegue.

Seleccione **Archivar** en el **Menú de Producto**.

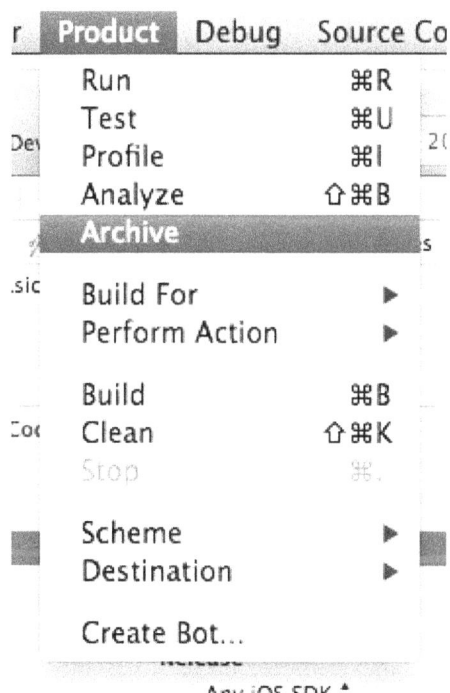

El archivo de su aplicación ya está cargado y el Organizador Xcode Organizer será activado con la con la visualización de todos los archivos creados previamente.

Previo al envío de la aplicación con Xcode dentro del Organizador Xcode, primero necesitará crear su publicación en la App Store en el portal de **iTunes Connect**. Esta publicación contendrá toda la información de la publicación.

CAPÍTULO CUATRO

Crear una publicación de la aplicación en el Portal iTunes Connect

Apple® iTunes Connect Portal es diferente al Portal de Aprovisionamiento de iOS con el que está familiarizado. Es un portal que asegura la administración efectiva de sus aplicaciones y contratos. También le ayuda a evaluar su desempeño en la App Store a través de reportes. Su acceso al Portal de iTunes Connect se crea automáticamente al momento de su suscripción en el Programa de Desarrolladores de iPhone.

Permítanos continuar haciendo clic en **Administre sus Aplicaciones**.

En la siguiente página que aparezca, haga clic en el botón de color azul **Agregar Nueva Aplicación**.

🍎 iTunes Connect

Seleccione el tipo de Aplicación que desea cubrir. Aquí, estamos subiendo una aplicación iOS.

Datos de la Aplicación.
Aquí, tendrá que ingresar la información de su aplicación. Cuando termine, haga clic en continuar.

Precio y Disponibilidad de la Aplicación

Una vez que su aplicación ha sido certificada, puede desear ponerla disponible inmediatamente o en una fecha futura. Si desea que esté disponible inmediatamente, simplemente deje la configuración de la fecha en el día actual. En la etapa de certificación, la aplicación estará disponible (normalmente 24 horas después de la certificación) en la App Store, si la fecha de disponibilidad ha expirado. Sin embargo, si prefiere ponerla disponible en una fecha futura después de la certificación, puede fijar la fecha futura.

Entonces, escoja cuándo desea que su aplicación esté disponible y el precio en que desea venderla. Cuando termine, seleccione **"continuar"**

Si su aplicación no es gratuita, seleccione "paga" debajo de "niveles de precio" y siga los siguientes pasos:

1.	Solicite contratos haciendo clic en "**Solicitar**", para el tipo de contrato de las Aplicaciones Pagas iOS y luego haga clic en "**listo**".

Luego de leer el acuerdo, seleccione la casilla y haga clic en **"Enviar"**

Usted visualizará los contratos de "**Aplicaciones Pagas de iOS** ", que se muestra debajo de "contratos en proceso ". Defina la información de contacto, la información Bancaria y de Impuestos.

1. **Crear la Información de Contacto:**
- Haga clic en **Definir**
- Haga clic en **Agregar Nuevo Contacto**, complete los detalles de contacto y haga clic en **Guardar**.

Nota: Los contactos no deben tener cuentas de iTunes Connect. Usted solo requiere seleccionar personas capaces de manejar sus asuntos legales, financieros, y/o administrativas/de mercadeo, que puedan surgir de las ventas de sus aplicaciones en la plataforma de la Apple® App Store. Repita este paso para definir otros contactos.
- Designe responsabilidades individuales a estos contactos, seleccionando sus nombres del menú desplegable de Contactos. Cuando termine, haga clic en **Listo**.

Definir su información bancaria (para que pueda recibir dinero por la venta de sus aplicaciones).

Enlazando su cuenta bancaria para recibir pagos de Apple® por la venta de sus aplicaciones:

- Para una nueva adición, haga clic en **Definir**. Pero si usted desea modificar la información de una cuenta bancaria existente, haga clic en **Editar**.
  - Haga clic en el menú desplegable y seleccione la información de cuenta bancaria que desea editar. Si usted está agregando una nueva información de cuenta bancaria, **Agregar Cuenta Bancaria**.

Banking Information

Bank Account Information: Applies to Payments for Proceeds from all your Contracts

Choose Bank Account: Select One ▼ Add Bank Account

Cancel   Save

- Para una nueva adición de información de cuenta bancaria, usted tendrá que completar o proporcionar los siguientes detalles: detalles de la cuenta bancaria, código de búsqueda/swift del banco, ubicación del país de su sucursal bancaria. Luego de proporcionar la información para cada paso, haga clic en **Siguiente**.

Nota: Usted puede obtener información detallada en cuanto a cómo configurar sus detalles bancarios haciendo clic aquí y desplazándose hacia abajo hacia la sección **Bancaria**.

- El siguiente paso es seleccionar sus nuevos detalles bancarios de la opción **Seleccionar una Cuenta Bancaria diferente**, luego haga clic en **Guardar**.

Definir su Información de Impuestos:

• Haga clic en **Configurar**.

* Complete los formularios de impuestos que le apliquen y haga clic en **Listo**.

Nota: Haga Clic aquí y navegue hacia la sección de **Impuestos** para información detallada acerca de formularios de Impuestos.

Lo siguiente es completar la información acerca de su versión, derechos de autor, categorías, etc.

Metadata de la Aplicación, EULA, Contacto, Arte e Información de la Versión

Esta es la página que contiene la mayoría de la información de su aplicación. Puede entender mejor lo que debe ingresar en cada casilla, haciendo clic en el signo de interrogación pequeño al lado de cada casilla.

Número de Versión: Este es exactamente el mismo número de versión que el contenido en la configuración de información del proyecto de su aplicación.

Derechos de autor: Esto puede tener el siguiente formato - " Código 2015 Por Mark." Solo cambie el nombre y año a sus propios detalles.

Descripción: Esta es la información mostrada al lado de su aplicación en la iTunes App Store. Debe asegurarse de que la descripción es tan detallada como sea posible, sin engañar a las personas. Si se descubre que incluyó información engañosa, no será certificado. Por ejemplo, si tiene una aplicación en Angry Birds, no describa la aplicación de modo que las personas piensen que es el juego real.

Clasificación: Usted visualizará la clasificación de su aplicación, una vez que responda las preguntas que se le formulen.

Categorías Primaria y Secundaria: Seleccione la categoría que más se ajusta a su aplicación.

Palabras clave: Ingrese todas las palabras clave para las cuales usted desee que su aplicación tenga clasificación alta. Debido al límite de 100 caracteres, es recomendable no malgastar sus caracteres. Utilice comas en lugar de espacios para separar las palabras clave. También, asegure su búsqueda y utilice suficientes palabras clave ajustadas que pueda encontrar en su especialización. Existen muchas herramientas disponibles para la búsqueda de palabras clave en la Apple® Store, si necesita explorarlas.

Política de Privacidad, Mercadeo y Soporte de URLs: Esta tal vez es una página de inicio, venta o web que contiene todos los detalles de su aplicación. Esta también es a dónde usted envía automáticamente a las personas que desean conocer más acerca de su aplicación.

Detalles de Contacto: Estos son sus detalles actuales de contacto, en donde cualquier evaluador de aplicaciones puede contactarle si es necesario.

Cargas: Asegúrese de que el arte para la publicación de su aplicación, estén disponibles en la App Store. Usted puede encontrar las medidas recomendadas para su arte haciendo clic en el ícono pequeño de signo de interrogación. Usted puede hacer uso del simulador de iOS para crear pantallas. Simplemente abra su aplicación dentro del simulador y presione CMD + S; esto guardará automáticamente la pantalla al escritorio de su computadora.

Cuenta Demo y Notas del Evaluador: Tome la previsión de una cuenta demo. Esto facilitará al evaluador usar y acceder mejor a su aplicación. Es decepcionante si el evaluador tiene que ingresar antes de que él/ella puedan evaluar su aplicación. Asegúrese de proporcionar instrucciones claras y detalladas para el ingreso.
Ya casi termina. Todo lo que debe hacer ahora es clic en "listo" y su aplicación será publicada.

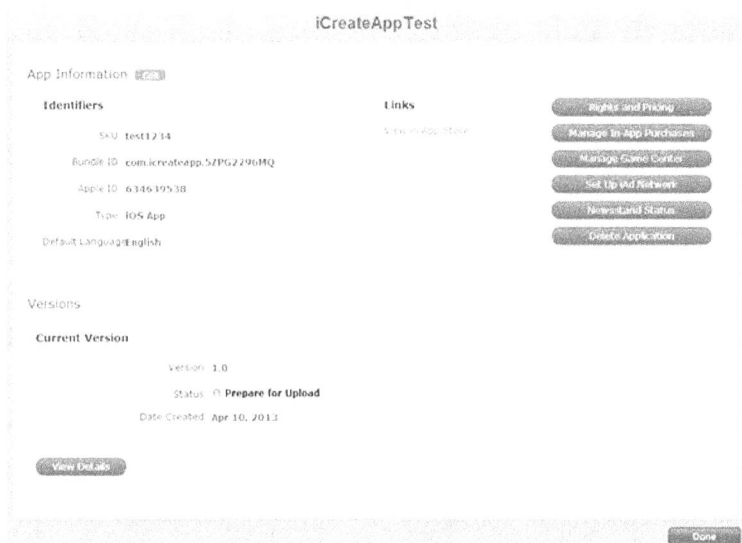

Acceda a la información de la aplicación, haciendo clic en el ícono de la aplicación. En la esquina superior derecha, ubique y haga clic en el botón azul "**Listo para cargar Binario** ", para responder algunas preguntas.

Puede presentársele cualquier pregunta, pero actualmente, las preguntas se limitan a si su aplicación tiene algún contenido propiedad de terceros, encriptado, y/o si usted está haciendo uso del Identificador de Publicidad.

Contenido de Terceras Partes: Si ha incluido contenido que no es de su propiedad, seleccione **Si**. Un ejemplo es una aplicación de muestra videos Vimeo.

Encriptado: Si usted no utilizó librerías Objective-C para el encriptado de la información, y no posee ningún código escrito que soporte el encriptado, seleccione **No**.

Identificador de Publicidad: Si en esta etapa usted está confundido acerca de lo que significa Identificador de Publicidad, esto simplemente significa que no lo utilizó, así que seleccione **No.** Sin embargo, si usted adquirió algún código fuente, debe venir con este, así que realice las investigaciones necesarias.

Luego, haga clic en el botón **Guardar** y el estatus de la aplicación cambiará a **Esperando por la Carga**.

Version 1.0

Status ⊘ **Waiting For Upload**

Date Created

Ahora ejecutaremos el paso final utilizando las herramientas para desarrolladores de **Xcode 5**.

CAPÍTULO CINCO

Envío de la Aplicación utilizando Xcode

Asegúrese de que el estatus de su aplicación ha cambiado a **Esperando por la Carga** antes de continuar con este paso. Si no ha cambiado, regrese y haga clic en el botón **Guardar** para cambiar el estatus a **Esperando por la Carga.**

Una vez que confirme que el estatus de su aplicación es correcto, abra el Organizador en Xcode 5 a través de Windows -> Organizer. También puede abrir el Organizador utilizando las teclas atajo SHIFT+CMD+2.

Navegue a su etiqueta **Archivos** y seleccione el archivo que creó previamente para la carga.

Luego, haga clic en **Distribuir.** Esto también procesará la validación.

Ingrese con su información de ingreso de iTunes Connect, lo que verificará que tiene una Publicación de Aplicación equivalente.

Si todo está correcto, se iniciará la carga del binario para la certificación.

En la carga exitosa del binario, confirme en su portal iTunes Connect que el estatus de su aplicación ha cambiado a **Esperando por Revisión.**

Puede tomar unos pocos días, hasta una semana, para que su aplicación sea evaluada. No se moleste en revisar el estatus todos los días, pues una vez que la evaluación sea realizada, usted recibirá un correo electrónico de notificación del cambio de estatus. Las aplicaciones no siempre son aprobadas en la primera revisión. Puede tener éxito en el primer intento, pero si no, no se sienta decepcionado, especialmente si tiene una aplicación compleja. Si usted falla la revisión, ellos usualmente le informarán en dónde necesita hacer mejoras. Simplemente realice los ajustes, actualice el número de versión, y cargue nuevamente el binario para una segunda revisión.

CAPÍTULO SEIS

Algunos errores comunes en el envío de aplicaciones Apple® app y maneras para evitarlos.

Puede ser agotador y decepcionante para un desarrollador, cuando una aplicación enviada no es aprobada en el primer intento. Aún cuando deseamos mínimos rechazos, hay algunos errores que los desarrolladores cometen, que evitan que sus aplicaciones sean aprobadas para la tienda d aplicaciones.

Hay varios errores que pueden evitar que su aplicación sea publicada en la tienda de aplicaciones. Revisaremos las más comunes.

- Errores en el Cargador de la Aplicación
- Uso incorrecto del Identificador de Publicidad (IDFA)
- Errores en iTunes Connect
- Contenido Ilegal/malicioso detectado durante una revisión manual de su aplicación.

Permítanos ahora evaluar cada uno de ellos y determinar por qué constituyen errores.

1. Errores debidos al uso incorrecto del Identificador de Publicidad (IDFA)

Cuando está por cargar un nuevo binario en iTunes Connect, se le solicitará información acerca de su intención en el uso de publicidad y encriptado.

Si no tiene intención de utilizar Facebook o publicidad, asegúrese de hacer clic en el botón **NO** como se indica aquí. También note que usted puede hacer clic en el botón **NO** si está haciendo uso solo de iAds. Esto es porque Apple® iAds no requiere ningún IDFA.

Advertising Identifier

Does this app use the Advertising Identifier (IDFA)?

Yes

The Advertising Identifier (IDFA) is a unique ID for each iOS device and is the only way to offer targeted ads. Users can choose to limit ad targeting on their iOS device.

No

Sin embargo, si usted incorporó Facebook o publicidad, haga clic en **Sí** y proceda a completar la parte de abajo del formulario.

Advertising Identifier

Does this app use the Advertising Identifier (IDFA)?

Yes
No

The Advertising Identifier (IDFA) is a unique ID for each iOS device and is the only way to offer targeted ads. Users can choose to limit ad targeting on their iOS device.

If your app is using the Advertising Identifier, check your code—including any third-party code—before you submit it to make sure that your app uses the Advertising Identifier only for the purposes listed below and respects the Limit Ad Tracking setting. If you include third-party code in your app, you are responsible for the behavior of such code, so be sure to check with your third-party provider to confirm compliance with the usage limitations of the Advertising Identifier and the Limit Ad Tracking setting.

This app uses the Advertising Identifier to (select all that apply):

☐ Serve advertisements within the app

☐ Attribute this app installation to a previously served advertisement

☐ Attribute an action taken within this app to a previously served advertisement

If you think you have another acceptable use for the Advertising Identifier, contact us.

Limit Ad Tracking setting in iOS

☐ I, _____ confirm that this app, and any third party that interfaces with this app, uses the Advertising Identifier checks and honors a user's Limit Ad Tracking setting in iOS and, when it is enabled by a user, this app does not use Advertising Identifier, and any information obtained through the use of the Advertising Identifier, in any way other than for "Limited Advertising Purposes" as defined in the iOS Developer Program License Agreement.

1. Si usted está haciendo uso de publicidad, marque la casilla de **Sirva publicidad dentro de la aplicación**.

2. Si está utilizando Facebook, o la instalación de su aplicación se origina de una aplicación de publicidad cruzada, marque la segunda casilla.
3. Por último, marque la casilla **Límite de Seguimiento de Publicidad en iOS**.

2. Errores en iTunes Connect

Este es otro error que es sencillo de corregir. Un ejemplo de este error es cuando omite la adición de pantallas o cualquier otra información. Puede corregir esto con una simple modificación en iTunes Connect, que le permite reenviar su binario sin una segunda carga.

En ocasiones, Apple® puede enviarle un correo electrónico mostrando descontento acerca de derechos de Notificaciones Push. Puede ignorarlos.

3. Contenido Ilegal/malicioso detectado durante una revisión humana de su aplicación.

La revisión final de su aplicación enviada es de una persona real. Apple® tiene varios equipos de evaluadores empleados y algunos son más meticulosos que otros. Su aplicación será rechazada por un evaluador humano si se encuentra entre la lista de contenidos inaceptables de Apple®, tales como contenido para adultos, aplicaciones de baja calidad, sitios web disfrazados como aplicaciones, errores, etc.

Si su aplicación es rechazada por un asunto de error, se le aconseja que solicite un "log de consola" de Apple®, para ver en donde se detecta el error.

4.   Enlaces rotos

Si usted tiene enlaces en su aplicación, todos deben funcionar. Debe proporcionar un enlace para soporte al usuario con su información actual de contacto para todas sus aplicaciones. Igualmente debe proporcionar un enlace a su política de privacidad, si ofrece suscripciones autorrenovables o gratuitas, o si su aplicación pertenece a la categoría infantil.

5.   Contenido de marcador de posición en sus aplicaciones

Si su aplicación posee contenido de marcador de posición, esto implica que no será distribuida o aprobada. Por ende, sus imágenes y textos necesitan finalizarse antes de enviarlo para revisión.

6.   Información insuficiente

Asegúrese de ingresar todos los detalles solicitados para la revisión de la aplicación en el área de Información para la Revisión de la Aplicación de iTunes Connect. Algunas de las características para cuyo acceso se requiere ingresar, asegúrese de suministrar un nombre de usuario y contraseña activos para la cuenta demo. Algunas veces, hay configuraciones específicas por definir, asegúrese de incluirlas. Si las funcionalidades de su aplicación requieren hardware especial o un ambiente difícil de reproducir, tendrá que suministrar un video demo para esto. Complete su información de contacto apropiadamente.

7.   Descripciones incorrectas de la aplicación

La descripción de la aplicación es muy importante y es necesario que proporcione descripciones precisas que se ajusten a su aplicación. Lo mismo aplica para sus pantallas, deben ser claras y apropiadas. Esto ayudará a los usuarios a entender mejor su aplicación y brindarles una buena sensación real en la tienda de aplicaciones.

8.   Mal informar a los usuarios

Su aplicación debe proporcionar todas las funciones que usted anuncia, de otra manera dará a los usuarios la impresión de que su aplicación es una estafa. Debe entregar todas las cosas para las que fue creada.

9.   Enviar la misma aplicación continuamente

No envíe la misma aplicación varias veces.   Puede obstaculizar el proceso de revisión de la aplicación y conducir a su rechazo. Puede combinar sus aplicaciones para brindar a los usuarios una gran experiencia.

10.   Valor insuficiente de perdurabilidad

Si a su aplicación le falta contenido de alta calidad, tiene baja funcionalidad o le atrae a un pequeño grupo de personas, puede ser rechazada. Antes de desarrollar su aplicación, realice una investigación a profundidad, para asegurarse de que el tamaño de su audiencia es grande. También puede revisar la categoría de su aplicación en la tienda de aplicaciones, para revisar las aplicaciones disponibles y construir sobre ellas para brindar una mejor experiencia al usuario.

11.   Interfaz de usuario inferior

Apple® ama una interfaz de alta calidad, pulcra, refinada y amigable al usuario. Asegúrese de que la interfaz de usuario cumple con estos requerimientos. Puede revisar las guías de diseño y los sí y no para usuarios, antes de crear su aplicación.

ÚLTIMOS COMENTARIOS

Que su aplicación sea certificada y publicada en la Apple® App Store es divertido y gratificante. Una vez que su aplicación esté en vivo en la App Store, usted va a querer revisar las estadísticas de descarga/venta para evaluar cómo se desempeña la aplicación.

Después de la certificación final, para las actualizaciones futuras de la aplicación será más sencillo obtener las aprobaciones de certificación, especialmente si las actualizaciones son mínimas.

www.ingramcontent.com/pod-product-compliance
Lightning Source LLC
Chambersburg PA
CBHW060324220326
41598CB00027B/4415